AF599918

GRAFFITI

POESÍA

HUERGA & FIERRO EDITORES

HUERGA Y FIERRO EDITORES, S. L. U.
C/ SEBASTIÁN HERRERA, 9
28012 MADRID (ESPAÑA)
TELÉFONO: 91 467 63 61
E. MAIL: huerga@huergayfierro.com
WEB: www.huergayfierro.com

PRIMERA EDICIÓN
2025

DISEÑO DE ÁNGEL LUIS VIGARAY

DEPÓSITO LEGAL: M-12530-2025 — I. S. B. N: 979-13-990526-0-2
IMPRESO EN ROMADAC Industria del Libro.
IMPRESO EN ESPAÑA

RAZÓN DEL LAUREL

Andrés R. Blanco

RAZÓN DEL LAUREL

ANDRÉS R. BLANCO

GRAFFITI

HUERGA & FIERRO EDITORES

NOTA PREVIA

Quienes participan en certámenes de poesía con obras de extensión limitada y han tenido el mérito y la suerte de conseguir alguna distinción, saben que los poemas premiados difícilmente verán la luz salvo por su lectura, el mismo día de la entrega de premios, o por su aparición en alguna publicación de carácter local y de difusión restringida. En ocasiones —pocas— se realiza una edición digital de libre acceso, aunque al ser en medios igualmente locales ese acceso resulta de escasa proyección. El autor recibe por el premio obtenido, además del reconocimiento literario, una dotación económica de distinta cuantía, una compensación en especie o simplemente un trofeo o diploma, según lo indiquen las bases correspondientes. Pero la obra en sí, el poema o conjunto breve de poemas quedan a menudo, por parte de la institución convocante, en un limbo inédito.

Es preciso aclarar que no ocurre lo mismo con obras de mayor extensión, cuyo premio suele llevar aparejada la publicación del poemario por alguna editorial o por la misma institución o entidad organizadora.

Por lo antes dicho, he reunido una antología de obras premiadas a lo largo de mi trayectoria literaria con el fin de publicarlas en libro y ofrecerlas así a un más amplio conocimiento. Se suele decir —eterna controversia— que se escribe para uno mismo; pero sin duda, también, para que lo lean los demás.

La colección de obras se ha ordenado cronológicamente por la fecha de obtención del premio, es decir, la que aparece en primer lugar es la que antes fue distinguida (2008), la última, la más recientemente laureada (2024). Lo que no quiere decir que ese mismo sea el orden de creación de los distintos poemas, como puede comprobarse porque el año de su origen figura junto al título. Algunos poemas han tardado bastante en conseguir un reconocimiento. Otros, no tanto. Estas diferencias cronológicas dan fe, así lo creo, del carácter atemporal de la poesía.

Varias de estas obras han ido creciendo o modelándose a lo largo del tiempo, y por ello el dato de creación figura como un periodo, el momento de su inicio y en el que se dieron por terminadas. Por lo mismo, y porque las relecturas —como nosotros— cambian con el paso de los años, en algunos de los poemas he realizado mínimas correcciones que en ningún caso han alterado la enjundia y el carácter de los mismos.

Los distintos jurados dieron ya su opinión y emitieron su juicio sobre estas obras. Podrán hacerlo ahora quienes a ellas quieran acercarse.

El Autor

RAZÓN DEL LAUREL

DESTIERRO DEL SILENCIO

1996

En esta sien letal
que se me traza en gris y me derrota
cualquier rastro de sol o de ternura
no queda ya pasión
para seguir lanzándose a la vida.
Los vientos del futuro se me tuercen.
Se me mojan las ansias. Y los sueños
hacen causa común con el olvido.
Hay navajas de frío que persiguen
cualquier labio anhelante,
cualquier mirada ardiente
y todos los senderos que contengan
una fronda común
hacia el rumor que envuelve el horizonte.
En esta sien cercana y opresora
que me ordena cambiar las esperanzas
por un caudal sin brillo sobre fondos de cieno,
las tormentas se alían con el polvo
y todo se hace niebla,
espesura de sombras y motivos.
En esta sien cortante como un rayo desnudo
el terrible fulgor de su cristal
me ha cegado los sueños.
No queda sino darse a lo que vence,
entregar la ilusión como un marchito
crisantemo empapado por la lluvia.

Pero decidme,
decidme, por favor, que en vuestra sangre

la luz ha desterrado la mudez de la nieve,
su blancura sin vida,
su silencio.
Decidme que los ojos se estremecen
de nuevo en la belleza del ocaso,
que han salido los hombres de sus tumbas
formadas por la historia.
Decidme que se encienden las estrellas
al paso de los besos,
sobre los cuerpos que se abrazan,
en las manos que luchan sin descanso
para sembrar la vida.
Decidme que la aurora
no llega como ayer,
desfloreciendo anhelos,
acallando la risa sin penumbra
que guarda nuestra frente.
Decídmelo
y yo os daré mis labios,
mi aliento, mis miradas
allende el horizonte,
todas las rutas de mi sueño
para enterrar bajo el común ladrillo
que funde la esperanza nuevamente:
ese afán, que no cesa,
de ganarle al silencio la batalla.

X Concurso Literario de Villafranca de los Caballeros (2008)

PARADOJA DEL SOLSTICIO

2006

Es el día más corto
y el ansia más intensa de durar:
ya comienza el invierno a ser destino.
Replicaré mi voz, mi sangre, mi cansancio.
Que sólo siendo varios podremos hacer frente
al cambiante solsticio de la vida.

Mírate en el espejo: hay otros tras de ti,
aquellos que dejaste en las quebradas
que marca el corazón.
Reúnelos a todos y sonríe.
Celebrad una fiesta: yo invito a las bebidas
y a la emoción más honda.
Disfrazaos de pájaro, de gota de rocío,
de mármol, de crepúsculo o de sombra,
pues con ese disfraz, con todos juntos,
me lanzaré a la calle
para saber lo breve que puede ser un sueño
prendido en los barrotes del pasado.
Hay tanta circunstancia y tan poca pasión
que no sé si sabré recuperar la vida.

Es el día más corto y apura la ansiedad,
y el cemento se crece y en el aire
comienzan a apagarse los últimos destellos.
Espero resistir, pues tuve un corazón
de máscara y de plástico perdido como lágrima
en las lluvias del tiempo.

Aunque el viento se agrisa
no llevaré mi cáscara cobarde
para jugar por fin sin escondites,
doliendo el corazón, al hambre y al fracaso.
Renegaré, tal vez, o acaso cruce
mis pasos con la duda en ese instante
de desnudez y ausencias.

Más viejo cada vez y así más joven,
historias no vividas
pero escritas en frases venideras,
un hondo sol contradictorio
del que yo beberé huyendo hacia el olvido.

Y aquí suena mi voz porque alguien puso un día
palabras en la orilla del futuro
para invocar un trago imprescindible
de intensidad vital.

Es el día más corto y ya no vale el miedo.
El círculo se cierra en las palabras
que hacen flor de mi pecho bien sembrado.
Fue pasado el futuro
y urdió su paradoja en el solsticio
que hoy habita, fugaz y melancólico,
la razón de estos versos.

XX Certamen de Poesía AMPPI – 1.er Premio con el título "Solsticio" (Alcorcón, 2009)

UN MAR DE AUSENCIA

2006

Espérala despacio,
que su tiempo no muera
y no se vuelva el mar
un mar de lágrimas tan solo.

Espérala y despeja de tus manos
la hiel de tanta angustia.
Las estrellas serán tus compañeras
para la larga noche
y en su brillo hallarás la voz de algún lucero.

Espérala despacio y no sucumbas
al negro corazón de la desesperanza.
Que hayan muerto las aves,
que se hayan olvidado las auroras
de su canción diaria,
que se agrieten tus ojos y tus labios
al pronunciar su nombre
no quiere decir nada.

Espérala, no cejes.
Tal vez ya vuelve de camino,
fúlgida en sí,
vestida de sonrisa y transparencia,
esas que abrían en tu pecho
un puente al infinito.

Y si acaso su ausencia te traiciona
sigue esperando,

aunque haya atardecido el universo
y en la noche la duda sea reina perenne.

Espera
porque es mar el amor
y siempre hay una estrella entre sus aguas,
canciones y sonrisas
y un ave que lo vuelve cielo
llenándolo de aurora y horizonte.

Espérala por ti,
porque muere ese mar, se queda seco,
habitado de lágrimas tan solo,
cuando llega el olvido
y la desesperanza.

I Premio de Poesía ASEAPO – 1.er Premio (Móstoles, 2012)

DEL SABIO COLOR

2010

Quizá para vivir
ayude abrir los ojos al arco iris,
hacerse prisma
que reúna su luz y nos convierta
en sabios caminantes
capaces de leer el tornasol
que el mundo nos presenta en su horizonte,
en el arco frutal de sus paisajes,
en el misterio mágico que ocultan
los rostros de color de la emoción.

Quizá para vivir convenga abrir el pecho
a ese sueño olvidado
que nos lleva de nuevo a la inocencia
de sentir como niños que lanzan su pupila
al oscuro fulgor de algún caleidoscopio
y aprender su armonía precisa del color,
una conciencia
secreta de la vida,
el tono verdadero de las cosas…

Sabiduría blanca en las alturas.
Allí la nube alienta en sus procesos,
sabe cuándo llorar sobre la tierra
y cuándo hacer del sol un astro en el olvido,
cuándo volverse lámina intangible
que refresca los cuerpos y en los prados
gotea de diamantes la mirada.

Sabiduría útil del otoño.
El pálpito amarillo que tiñe el corazón
y aproxima la paz de lo acabado,
la pálida tristeza de saberse
una llama que al fin ya no arderá,
que dejará tan solo ceniza para el tiempo.
Así el otoño canta en nuestra piel,
pequeños torbellinos que casi son caricias,
mas dejan en el ánimo la imagen de un estanque,
quietísimo cristal que espera la canción
desangelada del invierno.

Negra sabiduría del dolor.
Agrietadas paredes cerrándote los hombros,
púas infames,
ignorada dulzura,
ausencia de color en las pisadas,
huellas que rompen el camino
y con sutil malignidad
dañan la carne o la esperanza.

Sabiduría azul, la flor de la sorpresa.
Inocente, ligera, descuidada.
El templo luminoso que se abre en la sonrisa,
la mano
que busca en otra mano su futuro,
la mirada del niño hacia lo nuevo
o el beso que nació sin nada a cambio.

Colores y adjetivos
del cuaderno ilustrado de la vida.
Saber cómo vivir y cómo darle luz
al paso de las páginas del tiempo.

Ir leyendo perfumes,
acharolados gestos, filigranas
que toquen de alegría nuestros ojos.
Y saber combatir la oscuridad:
un poco de alcanfor, de vez en cuando,
que vuelva del revés la podredumbre.

XXXV Premio Pluma de Oro (Alcorcón, 2013)

MOVIMIENTOS

2012

Vienen vestidos
de sueños y pacífica barbarie,
y vienen de los cepos
tensados con la lluvia del vacío
y el hueso sin sabor de las carencias,
anunciando
fantasmas de corderos degollados
o algún nuevo fulgor de guillotinas
con filo de renuncia o expulsión
si es que fuera preciso.
Vienen otros también,
e igual se mezclan con los unos,
del lujo personal de lo gastado
que nunca satisface,
esplendor material que no les llena
y dicen repudiar mas no abandonan
del todo.

Acuden cabalgando borracheras
de intensa soledad,
cómplices primeros de aquellos que los oigan,
sombras de la verdad de un solo lado
envueltos en la niebla del rencor.
Y juegan al teatro de los sueños
con quienes beben lunas
y proclaman ardientes las flores de sus ojos,
todo lo que aprendieron de las bellas palabras
y del aula imparcial de la razón,
de lo que impulsa al hombre hacia el camino
de horizontes dichosos y comunes.

Se muestran en conjunto
aglutinando el alma de la furia
que sembró tras los muros la opulencia,
desgranando recados
que lanzan en común a un cielo sordo,
dormido entre ecuaciones y gráficos oscuros.
Piensan sembrar un árbol verde,
tejer un almohadón de seda para todos,
hornear mil millones de panes para el hambre
y moldear figuras luminosas,
hadas de realidad
y héroes que en penumbra se mueven y se esconden
porque no quieren parecerlo.

Removerán barrigas y conciencias.
Barrigas y conciencias sensitivas
revolverán.

Con un color dudoso de mugre y esperanza
dibujarán promesas en los lienzos
dormidos de las urbes,
pinceles de sonrisas en sus manos,
pinceles iracundos en sus manos,
utopías que otros ya vivieron
y que fueron muriendo lentamente
—pero ellos no lo saben—
en discursos prendidos a los gastados sueños.
Porque el tiempo consume
y enroma los deseos de la sangre,
y desgasta
generaciones rotas por el golpe
blando y sin ruido del aburrimiento.

No se sabe si al fin levantarán las torres
de muros transparentes

que dicen pretender para los pueblos, no se sabe
si alcanzarán las luces de la aurora
que buscan coronar en vez del turbio
destello enajenado de este ocaso
malvivido y disforme.
No se sabe
si vestirán de flores renovadas
los trazos de este mundo que condenan
como injusto, caduco, ignominioso,
un mundo en el que dicen que no caben,
un mundo que deshace su futuro,
ese al que aspiran tan graciosamente
sin reparar en sueños o apetencias.

Nadie sabe qué rutas tomarán,
qué línea definida de horizonte
propondrán para hilar los albedríos
que sirvan como puente de arco iris.

Puede que encuentren lo que buscan
en un canto común
que todos interpreten a la vez
y ante el espejo,
lanzando hacia el pasado las mentiras
que cavaron abismos
entre mundos del gozo y del esfuerzo.
Habrá que estar mirando
para tensar el arco de los sueños
—si es que fuera preciso—
y lanzar nuestras vidas
con ellos, o por ellos,
a la esperanza.

XXIV Certamen Literario Villa de Iniesta – 1.er Premio (2014)

EL CAZADOR Y LA MELANCOLÍA

2013

El cazador acecha en su escondrijo
la presa fantasmal de la memoria.
Bajo el arbusto
horadan las lombrices silenciosas
la tierra de los muertos
percibiendo la ruina de los bosques
que el invierno amenaza.
El cazador acecha.
No hay nadie en derredor,
nada tenso en el aire
salvo el brillo torcido de sus ojos,
salvo la muda espera
del oscuro cañón de su escopeta.
Un cuerpo entre las ramas del presente
se ha mostrado un instante,
un instante sin tiempo,
eternidad que ya no recordaba.
El espejo le aguarda y afila su pupila
en el punto de mira de una historia que fue.

Como historia que fue y aún no se ha olvidado,
como el humo que mancha lentamente las piedras,
como el moho que avanza en el árbol enfermo,
como la incierta sombra que va entrando en la casa.
Tan seguro que el tiempo no encuentra su sentido
de abrir en la razón el gris de alguna duda,
tan firme como el río que va a llegar al mar
y ya no tuerce el curso que antes fue serpiente.
Tan denso como el nimbo a punto de la lluvia
el futuro levanta la voz de los destierros
y un canto de penumbra va entrando en la mirada
y dejando en el alma su oscuro repertorio.

El cazador, cansado, asciende la ladera
notando que su aliento se vuelve sequedad.
Pesa entonces el cielo, el curso de los días,
el paso que se atrasa temiendo encontrar sendas
que lleven a un destino vestido con la nada.
Y en el sol de la frente pesa el nido de sueños
que alguien que se fue denominó esperanza.

Marchita la esperanza en su camino
el cazador percibe el olor de la tierra,
nota su pesadumbre,
una melancolía que se expande
y va arrastrando hojas y tonos amarillos
al borde de la senda que cruza entre los árboles,
a la mirada triste
que poco a poco cubre el azul de su cielo
con el canto de octubre
y la humedad de lluvias que aletargan
la flor de la pupila.

El cazador se arropa en su refugio.
No aparece la presa
y piensa si no es él quien es cazado
por el arco de otoño y su dorada
tensión,
el dardo amarillento que en sus venas
va clavando el cansancio
y avisa en calofrío que el invierno
no deja de cumplir lo que promete
y el frío llegará,
y llegará el silencio y el olvido.

Entre la fronda brillos
de un moribundo sol.
Y ese trasluz gastado le conforta,
un dorado remanso
que disuelve la queja del silencio
y apacigua el agravio del olvido.
En esa luz de otoño el cazador se acoge.
Gusta el lento transcurso,
el difuso color de la melancolía
y afloran a su pecho
cadenas amarillas que el tiempo ha respetado,
cadenas que abrazaron sus anhelos
e hicieron de la vida compartida
un bosque sin penumbra,
un bosque donde alzar las esperanzas
y avivar un sendero
de manos enlazadas y de cuerpos
de fuego en el abrazo
y de ojos amantes que regaban
su brillo con la flor del arco iris.

Hondamente respira el cazador,
el ánimo colmado de recuerdos.
El son de la hojarasca le suena familiar
y disfruta arrastrando sus zapatos
—la presa ya no importa—
por el ocre caído,
la alfombra vegetal que se hará manto
de nuevas primaveras.

Así juegan sus pies. Así su alma
recupera el fulgor de la infancia perdida
e irrumpe en el cajón de la memoria
con una dulce luz,
una luz de noviembre que le envuelve
y se mezcla al olor del aire fresco
para empujar las sombras,
para encender los últimos rescoldos
en un tiempo de otoño que será
lo que la vida quiera,
huidizo resplandor aún en los ojos
o descenso transido de añoranza,
melancolía.

XI Premio Internacional de Poesía Luis López Anglada (Burgohondo, 2015)

EL ÁGUILA Y EL SUEÑO

2013

No hay contorno en la línea de este vuelo
salvo las mismas alas
del águila que sueña en las alturas.

Un ojo penetrante,
decidido a mirar la faz del mundo
con el filtro tan solo del vacío,
distancia que se rompe en simple gesto
de alas que se pliegan,
vertiginosa luz precipitando
la flor de la pasión, proximidad,
la vida al descubierto.

Acercarse es vestir los ropajes del sueño,
el anhelo desnudo
que late en los paisajes de los hombres.

La urbe en cenital,
cuadrículas difuminadas por el humo
que sube del motor de la rutina.
Los pasos de la vida en su ceñido
rumor.

Cristalizan las ansias, la timidez, el miedo,
el rostro del dolor y la alegría;
cristalizan las formas y los gestos,
ademanes de un mundo que se siente
brillante y poderoso.
Cristalizan las rutas, los amplios horizontes,
los proyectos nacidos en la frente
de quien inspira y busca modelar
el magma del futuro.

En el ojo rapaz
centellea el cristal que conforma lo humano,
el rol de la autosuficiencia.
Y así avista también la incomprensión,
la laxitud que exhala la injusticia,
la falta del calor que hubo un día en las manos.

Suben nubes de polvo hacia los cielos,
rumor de oscuridades que al águila impresiona.

El águila voltea su vista hacia las cumbres.
Allí todo es brillante, todo busca
su afán en la limpieza del orden natural.
El águila descansa su inquietud
en el callado espejo de la nieve.

Pero escucha de nuevo con su oído profundo
las ondas que recorren la atmósfera del hombre,
la fría reflexión de sus noticias.

En la alta mirada las dudas abren paso
a la intranquilidad. El sueño ya no cifra
su luz en las canciones del ser que sobre el mundo
pasea su altibajo vital e inconsistente.
Todo suena a peligro, a posible tropiezo,
a indefensión.

Un mundo que no encuentra
dibujo en su razón,
torpes pasos sin rumbo ni destino,
designio incoherente
que pone confusión en los parajes
que el hombre ha edificado
con obras y recursos
sobre piedras talladas de simas y de cielos,
de simas y de cielos que en el hombre
dirimen su contienda.

No quiere flaquear el alto sueño.
Desciende de su cielo y se aproxima
a quien lleva los hombros cercados por un ánimo
opresivo y agraz.
Le habla con pasión,
con el saber de un ojo que ha admirado
las cadencias del propio vencimiento:
caer y levantarse, dudar y refrendarse;
y un paso más,
y un paso nuevo.

“Contempla la batalla, obsérvala y aprende.
Encontrarás señales, luminarias
que encenderán tus ojos
hacia nuevas estrellas,
que te abrirán las manos
y romperán fronteras que entre nudos
se alzaron para el odio.
Invoca en tu mirada
lo que tu empeño pudo ganarle al invasor
egoísmo, al terror, a la derrota.
Libera ese secreto manantial
donde nace el risueño mohín de la sonrisa.
En el profundo pozo, en los abismos
que guarda tu memoria
fulgen diamantes y reflejan
la imagen esencial de la ternura,
aunque no lo recuerdes.”

El sueño era mirar la realidad con ojos altos,
con ojos encendidos de pasión y justicia.
El sueño era avivar la luz de la razón,
darle espacio y verdad al sentimiento,
hermanar el afán de un sol y un horizonte.

El águila planea en las alturas,
se acomoda a las vívidas corrientes
y deja que le envuelva la calidez del aire,
la inmensa ligereza del espacio.
Siente en sus plumas que la lucha persiste,
que hay hierro que fundir, camino que aprender,
que hay pecho que ensalzar
y sombra que dejar en el olvido.

El águila vigila.
En su ojo afilado el mundo se despliega.
El águila expectante.

IX Certamen de Poesía Amigos de La Herradura (La Herradura, 2015)

POR EL MAR ENEMIGO DE LA NOCHE

2011

Las nubes encendidas me despiertan
temores en los ojos.
Como un barco de sueños
ondeo mi bandera entre fantasmas
que al llegar el ocaso deambulan
por el cielo brumal de mi cabeza.
Es el día y la noche,
esa lucha sin tregua en mis parajes,
la luz contra el siniestro turbador
que insiste en su llamada y me convierte
en un nocturno preso
del silencio y lo oscuro,
cuando huye mi estrella y el norte de mi mente
se diluye y escapa entre las olas
de un mar recrudecido por la ausencia.

Navego sin timón,
deriva desquiciada en que mi cuerpo
parece ser de un ave que no anida,
ni emigra con sus pares, ni conoce
la potencia feliz de su garganta,
el habla coherente
que teje entendimientos,
que ilumina de luz los intercambios.
Y en la balsa remota que resguarda
lo último de mí
intento distanciarme,
buscar la paz
de algún jardín, las calles más perdidas

donde curse la noche sin hacerme más daño
las fantasmales rutas que horadan mi cabeza,
los caminos de lluvia
que fijan mi mirada en lejanías,
que vacían los cántaros
de azul maternidad de la memoria.

La noche me sumerge. Deshabito.
Deshabito mi casa,
mi protegido puerto.
Avanzo hacia lo oscuro. Y entre espumas
sin luna y entre gritos
que sólo a mí me hieren
y arrían mi razón hacia la nada
lanzo mis pasos
huyendo del fragor de la tiniebla,
del rumor de la duda en mis oídos
en confuso vagar por pasillos de sombra.

Sólo me queda
combatir lo indeciso, navegar entre esquinas
evitando el bullicio de gentes que me observan
y me señalan,
sortear los delirios de mis fondos
en busca de las islas
que la luz hallará.
Y agarrarme a la aguja de tus manos
abrazándome, madre, de tus besos
en mi rostro de niño,
la brújula que entero me sostiene
hasta el destello amable de la aurora.
La voz de tu recuerdo, madre,
el único recurso
que en el mar enemigo de la noche

se alza en mi interior como una fuerza
capaz de responder,
de decirme quién soy,
cómo era en tus ojos —lo veía—
un sueño convertido en esperanza,
una razón,
una verdad.

XXII Certamen Literario para Personas Mayores Experiencia y Vida – Accésit (Mérida, 2016)

DE LARGA DURACIÓN

2009

Yo soy el que trocea los minutos
en hileras de nucas racionadas,
el que percibe el filo de unos ojos
rastreando el color de los bolsillos
bajo un pulso de dudas
y desesperación.

Yo soy el que frecuenta los pasillos
de blanquecinas luces
y de historias sombrías en rostros apagados.
El que invoca a finales de mes en cualquier sitio
con eco que perdura
no más de unos segundos inquietantes
en la actitud amable o temerosa.

Yo soy el que no duerme,
el que mancha de insomnio las promesas,
el que duda las vanas realidades
de tibias complacencias oratorias
porque un sello en papel
no se mastica
y las buenas palabras se hinchan de vacío
y saben mal, o a nada, o se evaporan.

Yo soy el que recorre escaparates,
el que no encuentra nada en su interior
sino un reflejo
de certezas quebradas en los rostros
una noche, otra noche,

una mañana y otra,
y un llanto silencioso y el destierro
del árbol espectral de la esperanza.

Yo soy el que se atrasa,
el que vive a destiempo,
ejemplo de lo más inoportuno,
el que incomoda y tiñe las sonrisas
de falsedad amable,
el sucio, el que los limpios
observan lastimados en su lástima
impoluta y decente.

Yo soy el que remueve las conciencias
en multitud de ombligos,
conciencias pequeñitas
que retuercen los hilos de su tejido a cuadros,
de su lisa, prudente,
planchada rectitud de la costumbre.

Yo soy el que confía,
el que conversa,
el que aguarda sentado con su número,
el que cruza las piernas, el que toca
la mesa con los dedos, el que escucha
la impaciencia creciendo en otros puestos,
el que aguarda y eleva
el tono de su voz, el que discute,
el que empieza a gritar, al que comprenden
aquellos que le miran, al que nada
le importa la empatía, el que sofoca
su furia, el que recoge
papeles con violencia

y se retira,
el que sale a la calle
sin nada entre las manos.

Yo soy el que rastrea los bolsillos,
soy la duda y la desesperación.

XXVIII Certamen Hermanos Caba/ Denuncia Social (Arroyo de la Luz, 2016)

JORNADA BAJO LA LLUVIA DEL TIEMPO

2013

Tiene a veces la lluvia del transcurso
un rostro de colores para empapar los días.
Las hojas de la vida se alimentan
del rojo de la aurora
y su hoguera va irguiendo
los ánimos del hombre, aligerando
las alas de sus almas
para expandir
con un viento sedoso
la flor de la mañana, su verdor de promesas,
y llenar de canciones y sonrisas
las casas y las calles.
Luego esa lluvia, según pasan las horas,
se agrisa y se dispone a destejer
los hilos encendidos de los cuerpos.
Y una trama amarilla va trazando
su aliento en las miradas
y la tarde no canta y parecen los pájaros
buscar la soledumbre.

La noche —que ha llegado— es reflexión.
Y en su gama de oscuros
se enjuician los sucesos y aparecen palabras,
encuentros,
sentires y renuncias como sobre
un escenario en sombras
del que somos el único habitante.
La soledad se ha vuelto
amiga
o enemiga.

Y buscamos un cuerpo junto al nuestro
para sentir su hálito, o buscamos
la fe en algún futuro de azulados matices
que aún quede por vivir.

Y la lluvia del tiempo
se marcha lentamente,
ya libre de colores,
ya olvidada del fuego o la derrota,
pues el sueño ha traído
su mar en calma a nuestros ojos.

XLIII Certamen Literario de Riópar – 1.er Premio (2017)

HAIKUARELAS ESTACIONALES

1991-2018

Otoño

Pasan las aves
y el crepúsculo ahonda
sus luminarias.

Cesa la lluvia.
Las hojas desprendidas
brillan al cielo.

Sobre la tierra
las flores del otoño.
Jarrón deshecho.

En la penumbra
dormitan los barriles.
Olor del vino.

Invierno

Árbol desnudo.
El silbido del viento
suena más fuerte.

Arroyo mudo.
El invierno le puso
labios de frío.

Quietud del lago.
No puede el sol de invierno
fundir el hielo.

Duerme el almendro.
Los días se suceden...
¡Brota una flor!

Primavera

Alba en el prado.
Aroma en todas partes.
Revoloteos.

Trasluz del sol
—la magia del color—
entre las hojas.

Vuelan libélulas
sobre el líquido espejo.
Canta el cristal.

Vieja madera.
El tiempo te concede
nuevos racimos.

Verano

Bajo la sombra
del olmo centenario,
la fresca hierba.

¡Qué resplandor!
En la pared, inmóvil,
la lagartija.

Silencia el grillo
su canto en la pradera.
La noche duerme.

Viento y calor.
Se acaman las espigas
brillando al sol.

Ciclo

Siembra de luz.
Maternidad del mundo.
Nueva estación.

Estación de la tristeza

Bajo el paraguas
otros cielos más grises.
Lluvia en los ojos.

Estación de la alegría

Al despertar
tú me enciendes el alba
de la sonrisa.

Estación del amor

El beso escribe
su página de rosas
sobre los labios.

XLV Certamen Literario Fiesta de la Vendimia (Cheste, 2018)

PARA SOÑAR

1991

Habladme del lugar donde la lluvia es beso
y el sol es una siembra
que sucede a la noche con sus fuentes.
Habladme del silencio, de la calma en penumbra
que acaricia los ojos más cansados,
las más gastadas flechas de la sangre,
los suspiros más dulces nacidos de los dioses
cuyo templo es de cuerpos,
de labios y de vientres que amanecen.
Habladme de pupilas,
de miradas que avientan manantiales,
del frescor y del junco bajo líquidos cielos,
de promesas crecidas en las cumbres
que el sueño fortifica.
Habladme de lo bello, del camino
soñado y anhelado en tiempo inmemorial,
del perfumado riesgo de lo puro.
Que yo os escucharé con las manos abiertas
y la boca sedienta y preparada
al resplandor que vierta el horizonte.
Este tiempo es un lobo que muerde mis hogueras
y las hunde en el barro,
que aleja las fronteras donde sueño
alcanzar mi destino,
que asola sin piedad la transparencia
en que flores de luz de nuestros ojos
se contemplaban púberes.
Este tiempo es un árido desastre,
un desierto secando la esperanza
de compartir el mundo.

Habladme, pues, para soñar,
para trazar de nuevo los caminos
que llevan su confianza hacia el país
donde la hierba crece y las estrellas
arropan nuestros sueños.
Dispuesta está mi sangre, mis ojos, mis sonrisas.
Habladme del futuro con un destello azul
para ahuyentar los duelos y las sombras
con que la muerte empapa nuestros actos.

X Certamen Palabras de Otoño – 3° Premio (Asociación de Mujeres Creativas Rosa Montero, Fuenlabrada, 2018)

EL MANANTIAL Y EL FUEGO

1998-2016

ENCUENTRO

Desconocido fuego me mostraban
las ansias del amor desde tus labios.
Un resplandor de luna
dibujaba la orilla de la noche.
Yo sentía
que la nada
era un instante
huido,
y que el mar auroral de nuestros besos
lo salpicaba todo.

Surgió de entre las sombras risa ardiente
y tú te embelleciste,
resplandeciente el rostro.
Yo era almendro gozoso en primavera
que al son de tu presencia florecía.

EL MANANTIAL

1 La alegría

Ya rompe el manantial.
Ya se extienden sus aguas.
Ya inician la promesa que la vida
guardó en ocultos lagos,
en ocultos parajes donde sólo
la más intensa lluvia encuentra nido.

Ya salta el manantial. Y su rumor
es canción que se escucha en el futuro,
sus ecos cristalinos una llama
celadora frutal de nueva hoguera.

Qué fuente tan feliz; qué claro arroyo
nutriente de mi sueño; qué abundantes
sus aguas; por qué angosta
garganta ven la luz.

Mojo mis manos y las miro
despacio, intensamente:
las palmas inundadas,
las muñecas brillantes,
los dedos empapados de promesas
que aceleran mi pulso y en los ojos
desentrañan los cauces de un llanto de alegría...

Recobrada la calma, delante del espejo,
contemplando mi rostro de dicha humedecido,
invoco con premura
a aquél cuyas fecundas naves

—todo proa, las velas desplegadas—
surcaron estas costas en mareas de fuego,
estas costas felices que ahora fluyen.

2 La duda

Niebla. Sombra.
Instantáneo temblor.
Ataque de lo oscuro con las armas del miedo.
¿Dará su fruto exacto esta corriente?
¿No habrá curvado el curso
del oculto proceso de sus aguas,
la pureza perdida,
engañosa su clara transparencia?
¿Tendrá que ser torrente sin control
su desembocadura,
inquietudes y llanto,
sospecha confirmada, aluvión del desastre?

Me ensancho hacia la vida con los ojos muy hondos.
Indago la mirada de los cielos
más allá del azar que guarda el horizonte.
Sólo busco una luz,
un reflejo de sol, una caricia
para salir del túnel
de mi frente.

3 El orgullo

...no es hora de temer,
de entregarse a lo oscuro en un reflejo
de miedo primitivo.

No es hora de dejarse
maniatar por la sombra,
esa fosa abisal que a veces hunde
su nudo en nuestras venas.
Es preciso actuar, responder la llamada
del cauce que otro cauce más espléndido anuncia.
Es tiempo de que el mundo me contemple,
de que vierta su aliento en mi persona,
de que atienda y proclame
las aguas del venero de vida que es mi cuerpo,
su promesa crecida en mis entrañas.
Yo soy
el manantial, yo soy la fuente
de estas aguas felices que preludian
el curso luminoso de una nueva
mirada, de un más alto
caudal: vida que asoma.

SUSURROS DESPUÉS DE LA NANA

No apeles al olor de la floresta,
ni a la imagen vital de las montañas,
ni al sembrado,
ni al dulce canto de las aves
si es solamente huida.

No aquietes tu memoria
en los refugios dóciles
que la costumbre nos procura.

Y escóndete muy dentro
la palabra o el acto que hieran la esperanza.

Sé constante pincel del interno paisaje,
caudal de sueños sin descanso.

Quizás de esta manera,
en esa ruta esfinge
que traza el horizonte en tu destino,
puedas el fondo de los ojos
guardar ausente de penumbras.

FUEGO

Leña pongo en mis besos,
calor que bien te arrope.
Y antorcha quiero ser cuando precises
luz que vaya a tu lado en el camino,
y hoguera que atempere tu desánimo
en la noche inclemente.

Fuego soy en tu vida
porque ardo en dulzura cuando ríes
y ceniza me siento si tu llanto.
Porque arde mi sangre
que corre por tus venas y nos une,
y más a ti me une,
y arde más,
el amor.

LV Justas Poéticas de Dueñas – Botijo de Oro (2021)

LA MALA AUTORIDAD

2010-2022

Aunque tú no percibes
el poder y la luz de su misterio
hay valores que fulgen de estrellas y futuro,
que empapan los deseos de aquellos que sonríen
y así los multiplican en valientes miradas
y en rosas de rubor que en el mundo florecen.
Hay valores que riegan
el secreto de la felicidad,
pero tú no los ves, ni sientes su calor,
ni los conocerás en ese charco oscuro
donde crees vivir como un rey fatuo
que estrecha su poder con la mentira.

A tu impronta se fraguan tumultos en los rostros,
torrentes de azarosas miradas, un empuje
de duda y confusión cortando lazos.
Se avecina distancia
y a tu cínico humor le importa un pito.
Tampoco los que anillan tu figura,
los que escuchan tu voz como una epístola
se miran en espejos de certeza.
Estratos de pudor se van haciendo
arenas movedizas: en qué poco
se queda el corazón de quien te sigue,
qué inútil cantinela la esperanza
en discursos altivos
que dicen alumbrar algún futuro.
La tierra se falsea entre tus manos,
fronteras que concibes
dibujando una línea de zanjas y de nieblas.

Tú no enlazas las manos con pasión,
no consagras tu boca
a los besos que impulsan los abrazos,
ni frecuentas la orilla del océano
buscando caracolas
de amor en los atardeceres,
tú no llevas la luz del manantial
prendida al cristalino de tus ojos.

Tú lideras
el siniestro bastión de los insomnes
malévolos que violan
la cruz de su conciencia por las noches
y traman infecciones de los sueños
para dañar la aurora.
Tú no gustas del agua compartida
ni del trozo de pan que los vencidos
alguna vez te piden,
ni respetas la espada que empuña la justicia
si no es tu espada.

Tú revientas pupilas,
asolas los caminos azules y los puentes
dorados, y a la luna
que crece en los anhelos de la noche
le envías un misil de cobardías
o un cuchillo impregnado de la herrumbre
que alienta el asesino en su garganta.

Tú te amparas
en trincheras que el frío va marcando
con su filo feroz sobre la carne
y trazas estrategias en el mapa
sombrío y congelado del invierno.

¿Qué hogares que arrasaste con tu furia
—envite sin piedad—
quedarán para darle refugio a los que huyeron
con maletas vacías
y el rastro de la muerte en sus espaldas?

No es lo fértil destino entre tus brazos.
Por eso te maldicen las lluvias y los vientos,
la memoria de un sol que brilla siempre
sobre el pecho inflamado de los hombres.
Por eso te maldicen
los buenos sentimientos y la cordialidad,
la ternura del sueño
que aún no se ha empapado de la nube
macilenta y borrosa con que invades
—o quieres invadir— las esperanzas.

Sumérgete en la noche.
Entierra tu perfil en el olvido.
Incinera sin falta
la árida silueta que te arropa
en algún rostro ardiente y verdadero
de cualquier hombre libre.
Corrígete y regresa
desnudo, renovado, intacto de colores,
que con ese perfil que guarda tanta sombra,
así, no te queremos.

XLIX Certamen Literario Villa de Madridejos con el título "Vladimir ante el espejo del mundo" (2023)

UN DIOS VENCIDO

2007

El tiempo se dejaba suplantar
por la blanca camisa de las olas,
un perfecto disfraz de rítmico murmullo
en la voz de la noche,
cómplices de un espacio sin fisuras
el mar y el transcurrir
en abrazo de esencia y de materia,
universo preñado de humedad,
de latidos insomnes de cielos y cometas
y de besos de amantes celebrando
su abrazo de cadencias y deseos
sobre la arena ansiosa del salitre y el agua.

El tiempo era ese dios inabarcable,
el más grande y profundo,
pero admitía hacerse compañero
del mar y de su abismo siendo esponja
capaz de contener en su interior
las olas, las mareas,
los cánticos de grises tempestades
y las innumerables miradas soñadoras
que buscaban estrellas apoyadas
en las bordas de barcos encendidos
flotando sobre el más profundo azul
que nadie inventaría.

El tiempo jugueteando con un disfraz de mar,
leyendo sorprendido
en la arena mojada de sus horas

la inesperada frase nunca escrita en el pozo
sin fondo y sin final de su memoria
ya pasada o futura, esa frase trazada
por un perfil minúsculo de agua y emoción,
de anhelo y pensamiento, de dulzura y abismo
entre un limpio horizonte y una orilla de vida,
esa frase con luz
de aquel hombre admirando la línea que fundía
el mar y el cielo con sus sueños:
"El tiempo sufre de belleza".

El tiempo no era bello, ni sufría.
Era más, mucho más: un dios del universo.
Pero al oír tal frase
despertó a la poética sin fin de las palabras
y se supo pequeño,
y se sintió vencido al no saber
cómo ponerle un nombre a cada ola.

III Premio de Poesía María Lejárraga – Accésit Honorífico (Madrid, 2024)

ÍNDICE

RAZÓN DEL LAUREL

Esta obra
se acabó de imprimir
con los auspicios de
Charo Fierro y
Antonio J. Huerga, editores

FINIS CORONAT OPUS